Grands Événements | numéro 34

L'EXTERMINATION DES TUTSIS
AU RWANDA

— Le dernier génocide du XXe siècle

par Jonathan Duhoux

50MINUTES

LE GÉNOCIDE RWANDAIS

- **Quand ?** Du 6 avril au 17 juillet 1994.
- **Où ?** Au Rwanda (Afrique centrale).
- **Contexte ?** La décolonisation de l'Afrique centrale et les guerres civiles entre ethnies qui ponctuent l'histoire du pays durant la seconde moitié du XXe siècle.
- **Protagonistes principaux ?**
  - Grégoire Kayibanda, président de la République rwandaise de 1962 à 1973 (1924-1976).
  - Juvénal Habyarimana, homme d'État rwandais de 1973 à 1994 (1937-1994).
  - Paul Kagame, homme d'État rwandais depuis 2000 (né en 1957).
  - Les Hutus et les Tutsis, les deux ethnies majeures présentes notamment au Rwanda. Les premiers sont des agriculteurs, les seconds des éleveurs.
- **Répercussions ?**
  - Un bilan extrêmement lourd qui oscille entre 800 000 et un million de morts.
  - La mise en place de multiples procès aux niveaux international, national et régional.
  - La mise en place d'une politique de la mémoire.
  - La remise en question du fonctionnement de l'ONU.
  - Le déclenchement de la première guerre du Congo (1996-1997).

Événement majeur de la fin du XXe siècle, le génocide rwandais est l'issue d'un long processus qui puise ses racines dans l'époque coloniale durant laquelle les Allemands puis les Belges se sont attachés à catégoriser des ethnies dans le pays : les Tutsis et les Hutus.

Jugés plus proches des Européens et plus aptes à diriger, les Tutsis accèdent en priorité aux postes à responsabilité. Ainsi, les colonisateurs créent artificiellement des tensions au sein de la population rwandaise, qui parle pourtant la même langue, partage les mêmes valeurs et les mêmes croyances. Peu à peu, on voit apparaître chez les Hutus certaines revendications et, en 1957, plusieurs intellectuels se rassemblent pour rédiger un manifeste (*Le Manifeste des Bahutu*) afin de dénoncer l'exploitation de leur ethnie. Deux ans plus tard, le 1er novembre, les Hutus se révoltent et renversent la monarchie tutsie. Dans la foulée, la république est proclamée et Grégoire Kayibanda devient président. Celui-ci fait de l'antitutsisme un volet important de sa politique et on assiste, tout au long du XXe siècle, à une véritable persécution de cette communauté.

Au début des années quatre-vingt-dix, les tensions culminent entre les deux ethnies, entraînant une guerre civile. En 1994, des extrémistes hutus prennent le pouvoir et appliquent la seule solution qu'ils jugent valable pour résoudre le problème tutsi : l'éradication de leur ethnie.

Dépassée, la communauté internationale n'intervient guère ou, si elle le fait, c'est assez maladroitement. Cela laisse au gouvernement extrémiste le champ libre pour organiser son programme génocidaire. En trois mois seulement, près d'un million de personnes sont assassinées, faisant de cet événement l'un des trois grands génocides qu'ait connu le XXe siècle, au même titre que celui des juifs (1939-1945) et des Arméniens (avril 1915-juillet 1916).

CONTEXTE

LE RWANDA PRÉCOLONIAL

Dès le premier millénaire avant notre ère, les ancêtres des Tutsis et des Hutus se sont implantés dans la région interlacustre. Ce territoire d'Afrique centrale, bordé de grands lacs d'eau douce (lacs Kivu, Tanganyika, Victoria, etc.) bénéficie d'un climat clément et de précipitations abondantes. Une aristocratie pastorale émerge dans ces régions où prospère l'agriculture. Celle-ci fonde différents royaumes : le Rwanda, le Bunyoro, le Toro, le Buhay et le Burundi.

Au XIVe siècle, Ruganzu I Bwimba, le premier roi tutsi, prend le pouvoir au Rwanda. Si le territoire est modeste au départ, ses descendants étendent les limites du pays durant quatre siècles, en soumettant les tribus hutues des alentours. La dynastie Nyiginya assure ainsi sa mainmise sur la région, qu'elle gouvernera jusqu'en 1961. Contrairement à la plupart des pays d'Afrique, le Rwanda est donc une véritable nation historique, dont les frontières n'ont pas été dessinées par la colonisation.

Autre particularité, la population n'y est pas éclatée en une multitude de peuplades culturellement différenciées. Les deux ethnies majoritaires du Rwanda sont les Tutsis (représentant environ 15 % de la population) et les Hutus (environ 80 %). Il existe également une minorité Twa, des pygmées descendant des premiers occupants du Rwanda. Tous ont conscience d'appartenir à une même nation : ils parlent la même langue, le kinyarwanda, et partagent les mêmes croyances.

La société obéit à une logique féodale : elle est organisée en castes, réparties dans différents clans. Le Rwanda compte une vingtaine de ces derniers, chacun étant constitué d'éleveurs (majoritairement tutsis), d'agriculteurs (pour la plupart des Hutus) et d'artisans (essentiellement des Twas). Chaque personne s'identifie à son clan, et non à son ethnie (tutsie, hutue et twa). Si le pouvoir est principalement détenu par les élites tutsies, plusieurs chefs de clans sont d'origine hutue. Comme les éleveurs détiennent l'essentiel du pouvoir, ce système féodal détermine une société certes inégalitaire, mais profondément solidaire.

LES DÉBUTS DE LA COLONISATION

Tout cela change à la fin du XIXe siècle avec l'arrivée des premiers colonisateurs. Les Allemands, présents au Rwanda dès 1897, cherchent à comprendre cette société qui échappe totalement aux modèles européens. Très impressionnés par la monarchie tutsie, dont la Cour affiche beaucoup de prestance, les Européens considèrent rapidement cette ethnie comme la classe dirigeante. En outre, ils remarquent qu'ils partagent quelques similitudes physiques avec les Tutsis : grands, élancés, à la peau relativement claire, ceux-ci sont morphologiquement plus proches des Occidentaux. À l'inverse, les Hutus, que les colonisateurs dépeignent comme trapus et à la peau plus foncée, sont assimilés à des serfs féodaux. Par cette catégorisation des populations autochtones, les Allemands introduisent une différence raciale, qui radicalise largement le système existant au départ.

En mai 1916, durant la Première Guerre mondiale (1914-1918), les troupes belges battent les Allemands en Afrique centrale, et prennent le contrôle du Rwanda. La Société des Nations confie l'administration du pays à la Belgique en 1922. Le Rwanda est alors rattaché au Congo belge sans perdre pour autant son autonomie. L'ONU confirme ce rôle de tutelle en 1946.

Durant le mandat belge, le classement racial se perpétue. De nombreux anthropologues comparent les crânes et les ossements des différentes ethnies pour déterminer une catégorisation la plus exacte possible. En 1931, l'administration rend obligatoire l'indication de l'ethnie à laquelle appartient chaque citoyen sur les cartes d'identité. En outre, les Tutsis, considérés comme plus intelligents et plus aptes à gouverner, accèdent plus facilement aux écoles de missionnaires et aux postes administratifs. Quant aux Hutus, jugés inférieurs, ils sont volontairement mis à l'écart. En soutenant les jeunes élites instruites tutsies au détriment des Hutus, cette politique des autorités belges renforce progressivement la frustration de ces derniers.

LE TRAUMATISME DE L'INDÉPENDANCE

Durant les années cinquante, le Rwanda n'échappe pas aux volontés indépendantistes qui émergent partout en Afrique. Étonnamment, ces demandes proviennent avant tout des élites tutsies. Les Hutus, quant à eux, revendiquent surtout plus de droits pour leur ethnie. En 1957 est publié *Le Manifeste de Bahutu*, un appel à la révolution sociale (cité par CHRÉTIEN (Jean-Pierre), « Rwanda 1994 : le génocide des Tutsi », in *L'Histoire*, n° 396, janvier 2014, p. 44). Parmi les requêtes, on retrouve l'abolition des privilèges de la minorité tutsie.

De 1959 à 1961, cette révolution se fait dans le sang et vire rapidement à la guerre civile. Des centaines de Tutsis sont massacrés par des militants, et des milliers d'autres fuient vers les pays voisins. Tous les chefs tutsis sont progressivement remplacés par des Hutus. Ce glissement de pouvoir est appuyé par l'Église missionnaire et l'administration belge. Selon la vision occidentale de l'Église, la société rwandaise est profondément inégalitaire, et les ecclésiastiques appuient le fait qu'en acceptant l'attribution de postes importants aux Hutus, c'est la majorité de la population qui accède ainsi au pouvoir. Quant à l'administration de tutelle, elle craint que l'indépendance du Rwanda se communique au Congo, autre territoire géré par la Belgique. Le dernier roi tutsi, Kigeli V (né en 1936), est d'ailleurs arrêté et expulsé par les autorités coloniales. Ceux qui regrettent les exactions commises à l'égard des Tutsis finissent par se convaincre qu'ils font cela en vertu des valeurs démocratiques : c'est le prix à payer pour qu'une population majoritaire renverse une minorité féodale.

L'indépendance du Rwanda est proclamée le 1er juillet 1962. La République qui vient tout juste d'être érigée est présidée par Grégoire Kayibanda, un Hutu aux revendications radicales. Sous son régime, la minorité tutsie devient rapidement un bouc émissaire, responsable de tous les maux du pays. En outre, il tente par tous les moyens de bloquer l'accès aux écoles, aux professions administratives, etc., aux Tutsis.

En décembre 1963, des réfugiés tutsis tentent de rentrer de force au Rwanda depuis le Burundi, ce qui déclenche de nouvelles représailles. Les massacres touchent les élites tutsies comme les milieux modestes, et prennent une telle ampleur que l'Europe parle de génocide. Cela n'empêche pas le président Kayibanda de déclarer en 1964 que l'ensemble de la race tutsie disparaîtra si d'autres réfugiés venaient à tenter de revenir au Rwanda.

En 1972, on assiste à des luttes de pouvoir au sein des élites hutues. Pour maintenir l'unité, le président Kayibanda tente de fédérer ses concitoyens autour d'un ennemi commun : les Tutsis. Les Hutus perpètrent de nouveaux massacres en février 1973, entraînant de nouvelles vagues de réfugiés. Profitant du contexte d'instabilité général, Juvénal Habyarimana fomente un coup d'État en juillet 1973 et fait ainsi naître la IIe République, plus modérée que la première. En insistant sur le développement du pays, il parvient à convaincre les puissances occidentales qu'ils sont tous deux dans le même camp. Mais, dans la réalité, Habyarimana est un véritable dictateur. Son régime généralise la mention de l'ethnie sur la carte d'identité de chaque citoyen. En outre, les Tutsis sont désormais répertoriés, et ne peuvent plus guère occuper que 9 % des places dans les écoles et des emplois dans l'administration, suite à la mise en place de quotas relatifs à leur poids démographique dans la société.

Pour les centaines de milliers de Tutsis exilés, le régime d'Habyarimana anéantit tout espoir de rentrer au pays. Ils s'organisent alors en mouvement politique et militaire, le Front patriotique rwandais (FPR), dont les bases d'opérations principales se trouvent en Ouganda.

LA GUERRE CIVILE DES ANNÉES 1990-1993

À la veille du génocide, le Rwanda est véritablement surpeuplé suite à un taux de fécondité particulièrement élevé (près de huit enfants par femme). En 50 ans, la population rwandaise a quadruplé et compte désormais environ huit millions de personnes. Les conséquences pour le pays sont catastrophiques : crise de l'agriculture, destruction du milieu, approvisionnement en eau difficile, famines, etc. Si certains chercheurs doutent que la surpopulation soit une véritable cause du génocide, ce problème vient du moins aggraver une situation générale complexe et entraîne une véritable montée des courants extrémistes hutus. C'est dans ce contexte que le FPR passe à l'offensive le 1er octobre 1990 via sa branche armée, l'Armée patriotique rwandaise (APR). Ce jour-là, des milliers de Tutsis envahissent le Nord du Rwanda. Ce sont, pour la plupart, des descendants des réfugiés ayant fui le pays entre 1959 et 1973.

La France voit d'un très mauvais œil les revendications de cette organisation presque inconnue à l'époque, car le président Habyarimana est son meilleur allié dans la région. Les troupes françaises appuient donc les Forces armées rwandaises (FAR) afin de repousser l'APR hors de son territoire. Alors que la guerre conventionnelle prend fin dès le 30 octobre, le FPR continue à conduire de multiples guérillas. Sous couvert de cette invasion, le régime d'Habyarimana lance de vastes opérations d'élimination de l'opposition hutue, tout en menant de nombreuses représailles envers les populations tutsies. Mais le radicalisme dont fait preuve Habyarimana est rapidement critiqué par la France et par les mouvements de contestation grandissants au sein du Rwanda. Face aux pressions, le président est contraint d'accepter le multipartisme en 1991. Deux camps émergent alors pour le contrôle du Rwanda : l'opposition hutue se fédère pour demander des réformes et faire tomber Habyarimana, tandis que le Gouvernement tente de maintenir ses privilèges en ralliant les courants extrémistes hutus et en formant des milices. Ces dernières joueront un rôle fondamental dans le génocide de 1994.

Après un cessez-le-feu signé avec l'APR en 1992, les négociations aboutissent aux accords d'Arusha en 1993. Sous la pression internationale, le président Habyarimana est désormais obligé de partager le pouvoir avec le FPR. Pour veiller au respect de ces accords, l'ONU envoie un contingent de 2 500 hommes dans le cadre de la Mission des Nations unies pour l'assistance au Rwanda (MINUAR). Les courants extrémistes hutus, rassemblés sous la mouvance « Hutu Power », ne pardonneront pas au Gouvernement d'Habyarimana ce qu'ils considèrent comme une trahison.

PROTAGONISTES PRINCIPAUX

Dans un processus de masse aussi complexe que le génocide rwandais, il est très difficile de se limiter à quelques figures marquantes. Nous nous contenterons de développer ici trois acteurs pour le rôle déterminant qu'ils ont joué dans cet événement.

GRÉGOIRE KAYIBANDA, PRÉSIDENT DE LA RÉPUBLIQUE RWANDAISE

Grégoire Kayibanda naît en 1924 à Tare, dans le Sud du Rwanda, au sein d'une famille hutue. Après ses études secondaires, il rejoint le Grand-Séminaire de Nyakibanda, seule école supérieure du pays à cette époque. Il renonce finalement à la prêtrise pour se tourner vers l'enseignement en 1948.

Après son mariage en 1950, Kayibanda rédige des articles au sein de différentes revues et journaux. Il y revendique, dans des termes mesurés, une réforme sociale et politique. Cet enseignant souhaite en effet que le pouvoir ne soit plus monopolisé par la monarchie tutsie et l'administration de tutelle belge. Il réclame notamment le droit de se rassembler en associations ou coopératives, ce qui était interdit jusque-là.

En 1959 est fondé le Parmehutu (Parti du mouvement de l'émancipation des Hutus), un parti politique qui défend les populations exploitées au Rwanda, aussi bien les Hutus que les Twas ou les Tutsis défavorisés. Grégoire Kayibanda en devient l'un des leaders.

À l'approche de l'indépendance, des heurts violents opposent le Parmehutu et les Tutsis fidèles à la monarchie ; Kayibanda échappe à une vague d'assassinats. C'est dans ce contexte que le Gouvernement belge satisfait à la plupart des revendications du Parmehutu. Après des élections législatives, la monarchie tutsie est dissoute. Un gouvernement provisoire, dont Kayibanda est nommé Premier ministre, tranche pour la formation d'une République.

La nouvelle Constitution octroie beaucoup de pouvoir au président, poste auquel est élu Grégoire Kayibanda dès 1961. Il est renouvelé deux fois dans ses fonctions, en 1965 et en 1969. Vivement critiqué pour favoriser les Hutus du Sud au détriment de ceux du Nord, sa présidence est marquée par de nombreux conflits ethniques. Au Burundi, la junte militaire tutsie persécute les Hutus. Grégoire Kayibanda radicalise alors son discours face à la minorité de son propre pays. Il tente de réconcilier les Hutus face à un ennemi commun, les Tutsis, ce qui entraîne de nombreuses persécutions. Il pose les bases d'un régime politique raciste qui culminera, bien après sa mort, avec le génocide des Tutsis en 1994.

En juillet 1973, son ministre de la Défense, Juvénal Habyarimana, fomente un coup d'État. Le président Grégoire Kayibanda est renversé et emprisonné. Condamné à mort en 1974, sa peine est commuée en détention à vie par le nouveau président. Assigné à résidence, Grégoire Kayibanda décède à son domicile en décembre 1976.

JUVÉNAL HABYARIMANA, HOMME D'ÉTAT RWANDAIS

Né en 1937 dans la région du Nord-Ouest du Rwanda, Juvénal Habyarimana suit des études au Congo belge, d'abord en sciences humaines, puis en mathématiques et enfin en médecine. Il épouse Agathe Kanziga (née en 1942), dont la famille lui apporte un soutien considérable, tant financier que moral. Une fois ses études terminées, il entre dans la garde nationale en 1960. Il joue un rôle important dans les premières années d'indépendance du pays, devenant même le premier chef d'état-major non belge au Rwanda.

Durant la présidence de Grégoire Kayibanda (1962-1973), Juvénal Habyarimana occupe le poste de ministre de la Défense. Si les deux hommes forts du pays semblent se respecter, le président et son ministre n'éprouvent guère de sympathie l'un pour l'autre. En effet, les Hutus du Sud du pays, dont fait partie Kayibanda, sont en rivalité perpétuelle avec les Hutus du Nord, auxquels appartient Habyarimana.

Au début des années soixante-dix, le contexte politique du Rwanda est très troublé. Le président Kayibanda est de plus en plus contesté, malgré ses tentatives de fédérer la population hutue par la haine de l'ennemi tutsi. Profitant du contexte, Juvénal Habyarimana lance un coup d'État, et prend le pouvoir le 5 juillet 1973. Habyarimana reçoit, dans un premier temps, l'appui de l'élite tutsie.

Mais sous les apparences d'un régime modéré, c'est une véritable dictature qu'il façonne. En 1975, il crée son propre parti politique, le seul à être autorisé dans le pays : le Mouvement révolutionnaire national pour le développement (MRND). Suivant son programme, il instaure des quotas ethniques dans les écoles et l'administration : le nombre de Tutsis ne peut y dépasser 9 %, favorisant ainsi grandement les Hutus. Le président rwandais encourage même ses voisins hutus au Burundi à prendre le pouvoir. Mais si le régime d'Habyarimana a tout d'une dictature, la prospérité et la stabilité du Rwanda durant cette période incitent les puissances occidentales à le considérer favorablement. Celui qui est surnommé l'Invincible reste donc au pouvoir durant 20 ans.

Le 6 avril 1994, Juvénal Habyarimana est assassiné alors qu'il revient d'un sommet sur les crises au Rwanda et au Burundi, son avion ayant été frappé par un missile sol-air non loin de l'aéroport de Kigali.

PAUL KAGAME, HOMME D'ÉTAT RWANDAIS

Originaire du Sud du Rwanda et issu d'une famille tutsie de sang royal, Paul Kagame fuit son pays dès l'âge de quatre ans. Les persécutions de 1961 les poussent en effet, lui et sa famille, à rejoindre l'Ouganda.

En 1979, alors âgé de 22 ans, Paul Kagame rejoint la rébellion du pays, qui cherche à faire tomber le Gouvernement ougandais. Appuyé par les États-Unis, ce mouvement de résistance comprend de nombreux réfugiés rwandais. En 1986, le leader de la rébellion, Yoweri Museveni (né en 1944), organise un coup d'État et prend le pouvoir en Ouganda. Il remercie ses alliés rwandais en leur offrant des postes à responsabilité dans son nouveau gouvernement. Paul Kagame devient ainsi major dans l'armée ougandaise et chef des services de renseignement.

En 1990, il prend la tête du Front patriotique rwandais (FPR). Il alterne alors victoires et défaites contre les Forces armées rwandaises (FAR), avant de négocier les accords d'Arusha en 1993, sous la pression de l'ONU. Il collabore dès lors avec l'État rwandais pour autoriser le retour au pays des exilés tutsis et les intégrer aux sphères du pouvoir. Après l'assassinat de Juvénal Habyarimana en 1994, Paul Kagame conduit les troupes du FPR à l'assaut du Rwanda. Malgré une infériorité numérique, les forces de l'Armée patriotique rwandaise remportent la victoire sur l'armée rwandaise. Cependant, si les troupes de Paul Kagame mettent fin au génocide, elles se rendent responsables de massacres perpétrés au sein des populations hutues et tutsies, avalisés par Kagame lui-même qui y voit l'occasion d'instaurer un climat d'insécurité afin de faire tomber le Gouvernement au plus vite.

Suite à la victoire militaire de l'APR, Paul Kagame devient vice-président de la République et ministre de la Défense, le 19 juillet 1994. La présidence est confiée à Pasteur Bizimungu (né en 1950), un Hutu modéré, l'union des deux hommes marquant le symbole d'une réconciliation entre les deux ethnies. S'il n'est ni président, ni Premier ministre, personne n'ignore qu'il est le véritable leader du pays. C'est bien lui qui organise la reconstruction de sa patrie et lutte activement contre la corruption.

Lors de la démission de son prédécesseur, Paul Kagame est élu président de la République rwandaise en 2000. Il est confirmé dans ses fonctions en 2003 et en 2010, après des élections au suffrage universel.

De nombreux Gouvernements occidentaux attribuent à Paul Kagame le mérite d'avoir redressé une région dévastée, aussi bien politiquement qu'économiquement. Mais ses opposants, parmi lesquels on trouve plusieurs ONG, critiquent un régime de terreur, prêt à toutes les extrémités pour maintenir une minorité tutsie au pouvoir. Ainsi, au Rwanda, la presse est muselée et les opposants politiques continuent à être assassinés.

LE GÉNOCIDE DES TUTSIS

UN ASSASSINAT À L'ORIGINE DU GÉNOCIDE

Le 6 avril 1994, en début de soirée, l'avion présidentiel amorce une descente vers l'aéroport de Kigali, la capitale du Rwanda. À bord de l'appareil se trouvent le président rwandais Habyarimana, son homologue burundais Cyprien Ntaryamira (1955-1994), le général de l'armée rwandaise, et trois Français qui tiennent lieu d'équipage. Tous reviennent d'un sommet en Tanzanie, destiné à résoudre les crises politiques qui touchent le Rwanda et le Burundi. Mais l'avion n'atteint jamais l'aéroport : un missile sol-air le touche en plein vol, et il explose avant de s'écraser sur la résidence du président, ne laissant aucun survivant.

Les auteurs de l'attentat ne seront jamais identifiés avec certitude. L'opposition démocratique, constituée de Hutus modérés, semble hors de cause car elle n'est pas équipée de missiles sol-air. L'implication du FPR est, elle aussi, douteuse car Habyarimana leur a accordé le partage du pouvoir. Quant aux extrémistes Hutus, dont certains font partie des FAR, ils respectent leur président, même s'ils considèrent les accords d'Arusha comme une trahison. Cette dernière hypothèse reste cependant la plus plausible, sachant que le missile sol-air aurait été lancé depuis une base militaire rwandaise. Dans tous les cas, et quel qu'il soit, l'auteur de ce crime déclenche un génocide.

À première vue, le génocide des Tutsis pourrait passer pour un mouvement de colère populaire et spontané en réaction à l'assassinat du président, mais il n'en est rien. Les tueries méthodiques et systématiques impliquent une logistique prévue de longue date.

Quelques heures à peine après l'assassinat de Juvénal Habyarimana, des massacres parfaitement planifiés ont lieu dans la capitale. Les milices hutues parcourent les rues, liste en main, à la recherche de tous les membres de l'opposition. Tous ceux qui se sont dressés contre le pouvoir, à un moment ou à un autre, sont exécutés, qu'il s'agisse de ministres, de membres d'associations pour la défense des droits de l'homme, de journalistes, etc. La garde présidentielle élimine également le Premier ministre, Agathe Uwilingiyimana (1953-1994), malgré la protection de dix Casques bleus belges, qui sont désarmés, emmenés dans le camp militaire de Kigali, torturés et lynchés. Choquée par l'événement, la Belgique décide de retirer son contingent d'hommes de la MINUAR. Sa force d'intervention réduite à moins de 300 hommes, l'ONU n'a plus les capacités d'intervenir directement sur le terrain.

Le massacre d'autant de personnalités politiques laisse un vide institutionnel. Le 7 avril, une junte militaire s'autoproclame comité de crise, et amène Jean Kambanda (né en 1955) au poste de Premier ministre. Ce dernier a le soutien de l'Akazu, la puissante organisation de tendance extrémiste constituée en grande partie de la belle-famille d'Habyarimana qui oriente secrètement le pays. Jean Kambanda forme alors son gouvernement, constitué de 19 membres, appartenant tous à la mouvance Hutu Power, la tendance extrémiste la plus radicale. Le Gouvernement a dès lors le champ libre pour appliquer son plan d'épuration raciale.

LE RÔLE DES MÉDIAS

La presse et la radio jouent un rôle déterminant dans le génocide rwandais. Dès 1990, le journal *Kangura* (« Réveil ») appelle à une reprise de la révolution sociale, en évoquant l'idée de l'ancien président Kayibanda : régler le problème tutsi par la machette. Quelques mois plus tard, ce même journal publie « Les dix commandements des Bahutu », qui est autant un appel à la haine des Tutsis que des menaces proférées à l'encontre des Hutus modérés.

En 1993, les extrémistes hutus se dotent de leur propre radio, la Radio-Télévision des Mille Collines (RTLM). En réaction à l'inefficacité de la protection des Casques bleus lors de l'assassinat du Premier ministre, RTLM va jusqu'à affirmer que la Belgique n'est pas sans responsabilité dans l'assassinat du président, appelant à la vengeance. Son influence est telle que Radio Rwanda, la radio nationale, copie son discours de haine raciale pour ne pas perdre trop d'auditeurs. Durant toute la durée du génocide, les émissions de radio encouragent les génocidaires et les renseignent sur l'emplacement des Tutsis encore vivants.

RÉGLER LE PROBLÈME TUTSI PAR LA MACHETTE

Si quelques représailles contre les Tutsis sont signalées dans les heures qui suivent la mort du président Habyarimana, le véritable génocide commence seulement lorsque l'opposition hutue est totalement éliminée. Cette fois, nul besoin de liste : il est prévu que tous les Tutsis, sans exception, disparaissent.

Les massacres prennent une ampleur indescriptible à Kigali, capitale du pays. Dès le 7 avril, des observateurs de la MINUAR assistent impuissants à l'élimination de centaines d'hommes, de femmes et d'enfants. Dans la capitale, seuls résistent 600 soldats de l'Armée patriotique rwandaise, cantonnés à Kigali depuis la signature des accords d'Arusha. Ils se retranchent sur la colline principale de la ville, dans l'ancien Parlement, et engagent de violents affrontements avec la garde présidentielle. Au lieu d'empêcher ce début de génocide, la France et la Belgique envoient des troupes pour évacuer leurs ressortissants et fermer les ambassades.

Partout dans le pays, les administrations locales s'appliquent à mener les massacres de manière rigoureuse. Au sein de chaque préfecture, les habitations des Tutsis sont incendiées, les résidents en sont chassés et leur bétail est volé. Les survivants se rassemblent dans des lieux publics : églises, écoles, hôpitaux, centres sportifs, etc. Sous la prétendue protection des gendarmes, les réfugiés sont privés de nourriture et d'eau afin d'être affaiblis. Puis, à une date déterminée par les autorités locales, l'extermination commence. L'armée et la gendarmerie utilisent des grenades et des armes à feu dans un premier temps, avant de laisser les milices et les civils achever le travail à l'arme blanche. Si l'image de la machette est souvent associée au génocide rwandais, les populations hutues utilisent en réalité tout ce qui leur tombe sous la main : armes de chasse, outils agricoles ou armes contondantes improvisées.

Photo d'une église dans laquelle 5 000 personnes ont été assassinées.

C'est en suivant ce schéma minutieux que se produisent les immenses massacres de la préfecture de Kibuye, à l'Ouest du Rwanda. Alors que les victimes pensent trouver refuge dans des établissements religieux et dans un stade, elles se livrent en réalité à leurs bourreaux. Du 15 au 18 avril 1994, des dizaines de milliers de Tutsis y trouvent la mort, acculés dans des lieux clos. D'autres Tutsis se réfugient dans les massifs montagneux de la préfecture de Kibuye, où ils résistent pendant quelque temps aux milices.

La région de Butare, au Sud du Rwanda, est épargnée pendant un temps par le génocide. Le seul préfet tutsi du pays y met toute son énergie pour lutter contre les persécutions. Pour les extrémistes hutus, cette situation est intolérable. Le 19 avril, la garde présidentielle envahit la ville, relève le préfet de ses fonctions et se lance dans l'élimination systématique des Tutsis. Le président Théodore Sindikubwabo (1928-1998) vient encourager en personne les génocidaires. Butare, ville universitaire, voit son corps enseignant presque totalement éradiqué. L'hôpital de l'université n'est pas épargné : les blessés sont soigneusement triés entre Hutus et Tutsis, et ces derniers sont tous achevés.

La destruction des Tutsis n'est pas seulement physique, elle est aussi d'ordre moral. C'est pourquoi le viol est utilisé comme arme de guerre. La propagande extrémiste décrit en effet les femmes tutsies comme des prostituées au service du Front patriotique rwandais. Le journal *Kangura* les accuse même d'avoir perverti l'état-major de la MINUAR. Dès lors, les autorités encouragent le viol pour dégrader les femmes tutsies avant de les éliminer, mais également pour transmettre le virus du sida aux survivantes. La ministre de la Promotion féminine et de la Famille, Pauline Nyiramasuhuko (née en 1946), se rend en personne sur le terrain pour encourager les miliciens hutus dans cette tâche. Plus de 200 000 viols sont ainsi commis en trois mois.

TON VOISIN, TON ASSASSIN

La participation de la société civile à ces tueries est l'élément le plus troublant de cet événement. Plus de la moitié des victimes sont assassinées par des proches : voisins, parents, médecins, prêtres ou enseignants.

Les Tutsis sont progressivement considérés comme des animaux, des bêtes à abattre. C'est pourquoi ils sont traqués comme à la chasse, et achevés avec une extrême cruauté. Leur cadavre est ensuite traité comme un simple détritus, dont on se débarrasse dans des fosses à ordures ou des latrines. Le processus du génocide est totalement déshumanisé pour être accepté et appuyé par les populations hutues. La sauvagerie des meurtres permet de créer la différence avec l'autre, cette « chose » à abattre.

Ces tueries inhumaines rentrent dans la banalité du quotidien. Traditionnellement, des journées de travail collectif (*umunga*) sont organisées au Rwanda au cours desquelles la population participe à l'accomplissement d'une tâche utile à la communauté dans la joie et la bonne humeur. À la fin de la journée, les travailleurs partagent la bière en signe de fraternité. Mais, durant le génocide, l'*umunga* se transforme en massacre de populations tutsies. Le meurtre se pratique en famille ; plus de 5 000 enfants seront d'ailleurs condamnés pour leur participation au génocide. Les assassins utilisent leur connaissance du terrain, jouent sur les habitudes de vie ou sur la confiance que leur accordent leurs voisins tutsis. D'ailleurs, de très nombreuses victimes confient leurs enfants à des connaissances hutues, en espérant qu'ils les cachent et les protègent. Mais, la plupart du temps, ces voisins de confiance s'empressent de livrer leurs protégés aux milices.

Si l'on compte aujourd'hui plus de 800 000 génocidaires avérés, tous les Hutus ne suivent cependant pas le mouvement. Certains refusent de participer aux massacres, d'autres cachent comme ils le peuvent les victimes des persécutions. Ce faisant, les réfractaires s'exposent à des représailles : dans le meilleur des cas, ils sont condamnés à payer la bière à la fin d'une journée d'extermination, ou incorporés de force dans les milices ; dans le pire des cas, ils sont massacrés avec leur famille et leurs protégés tutsis.

La mise au « travail » des civils hutus et la minutie d'une administration génocidaire se révèlent efficaces. La plupart des victimes sont massacrées durant les trois semaines qui suivent l'assassinat d'Habyarimana. En trois mois, le génocide totalise plus de 800 000 victimes, Tutsis comme Hutus modérés. Les estimations actuelles se rapprochent même du million de morts. Les trois quarts de la population tutsie au Rwanda sont éliminés durant cette période.

LA RECONQUÊTE TUTSIE

Si le génocide prend fin trois mois plus tard, ce n'est pas suite à une intervention de la communauté internationale. Dès le début des massacres, le Front patriotique rwandais mobilise 5 000 hommes de son bras armé, l'Armée patriotique rwandaise. Ils sont envoyés vers la capitale rwandaise depuis les régions qu'ils contrôlent, au nord. Même si la conquête du pays est parfois extrêmement violente, y compris envers les civils, l'APR met fin au génocide partout où elle progresse.

Les forces du FPR sont pourtant très inférieures numériquement. En effet, depuis l'offensive tutsie de 1990, les Forces armées rwandaises, l'armée officielle, ont été renforcées. Les effectifs sont passés de 8 000 à 45 000 hommes, encadrés et appuyés pendant un temps par l'armée française. Mais le recrutement de ces dizaines de milliers de jeunes est trop rapide : ils sont envoyés au front après seulement quelques semaines d'entraînement. L'armée rwandaise rencontre de très gros problèmes de discipline, d'insubordination, de désertions et d'approvisionnement en munitions.

En face d'eux, les troupes de l'Armée patriotique rwandaise sont très disciplinées et extrêmement motivées par la reconquête du Rwanda. Elles suivent des objectifs stratégiques, préférant se concentrer sur des cibles prioritaires, plutôt que se disperser en de multiples offensives. Si les miliciens extrémistes continuent le génocide, imperturbables, ivres de bière et de sang, il n'en est pas de même pour l'armée régulière. Démoralisées, les Forces armées rwandaises reculent sur tous les fronts. D'autant plus que le Gouvernement préfère mobiliser toutes ses forces vives pour massacrer les Tutsis, plutôt que pour arrêter les troupes ennemies. Tant et si bien que, le 23 mai, l'Armée patriotique rwandaise prend l'aéroport de Kigali, le seul du pays. Ils poursuivent ensuite leur offensive vers Gitamara, au sud-ouest, où s'est réfugié le Gouvernement Kambanda. Au fur et à mesure de son avancée, l'armée fait fuir des centaines de milliers de Hutus, qui craignent les représailles. Durant ce mois de mai, l'ONU prend la résolution d'envoyer 5 500 hommes pour protéger les Tutsis. Mais les pays occidentaux tardent à se mobiliser, car le fiasco somalien reste gravé dans toutes les mémoires.

LA GUERRE CIVILE SOMALIENNE

Depuis 1991, la Somalie est en proie à l'opposition de multiples factions en lutte pour le pouvoir. L'ONU intervient militairement en 1992, d'abord pour escorter des missions humanitaires, puis de manière plus offensive avec 30 000 soldats. Ce cas d'ingérence de l'ONU dans la politique d'un pays est une première historique. Si les factions rivales font profil bas dans un premier temps, elles finissent par s'unir contre ces troupes majoritairement américaines, considérées comme des envahisseurs. Incapables d'affronter les opérations de guérilla, les forces onusiennes finissent par négocier des accords en 1993 avant de se replier progressivement jusqu'en 1995. Lorsque le génocide rwandais se déclenche, des observateurs occidentaux y décèlent des similitudes avec la guerre civile somalienne.

Alors que la ville de Gitarama tombe le 13 juin et que l'APR multiplie ses opérations, la France se décide à lancer une intervention très controversée, l'opération « Turquoise ». Le ministre français des Affaires étrangères, Alain Juppé (né en 1945), parle d'une mission pour « mettre fin aux massacres » et « protéger les populations menacées d'extermination » (cité par LUGAN (Bernard), *Histoire du Rwanda. De la préhistoire à nos jours*, Paris, Bartillat, 1997, p. 510). Mais le Front patriotique rwandais accueille très froidement cette intervention étrangère, qui débute exactement au moment où le génocide s'achève et où l'APR est assurée d'emporter le conflit.

Les Tutsis craignent en effet que les Français, anciens alliés d'Habyari-mana, viennent appuyer les Forces armées rwandaises, appréhensions qui se révèlent en partie fondées. L'opération « Turquoise » empêche bien quelques massacres isolés de Tutsis, mais elle crée surtout une zone humanitaire sûre, dans le Sud-Ouest du Rwanda, qui devient un refuge pour tous les génocidaires en fuite.

Le 17 juillet est la date habituellement retenue pour marquer la fin du génocide. À ce moment, le FPR contrôle l'essentiel du pays, et met en place de nouvelles institutions. Dans la foulée, Pasteur Bizimungu, un Hutu du Nord, habile négociateur lors des accords d'Arusha, devient président du Rwanda. Le Premier ministre Faustin Twagiramungu, un Hutu du Sud qui s'est toujours farouchement opposé à la tendance extrémiste Hutu Power, prête serment deux jours plus tard. Paul Kagame, leader tutsi du FPR, devient vice-président et ministre de la Défense. S'il est officiellement le troisième homme du pays, Paul Kagame devient officieusement la figure dominante du Rwanda. La tâche du nouveau gouvernement est colossale : stabiliser et reconstruire un pays dévasté, toujours en proie aux tensions entre les deux ethnies.

RÉPERCUSSIONS

LA PREMIÈRE GUERRE DU CONGO

En juillet 1994, la France prend conscience que sa zone humanitaire abrite de nombreux génocidaires, qui échappent ainsi à leur procès. Pour s'extirper de cette situation délicate, elle confie les refuges à l'ONU, qui lance la MINUAR II. L'opération « Turquoise » prend ainsi fin le 21 août. Cependant, la plupart des réfugiés qui craignent les représailles tutsies ont le temps de passer la frontière du Zaïre (l'actuelle république démocratique du Congo), dont le président Jean-Désiré Mobutu (1930-1997) est un fervent défenseur des Hutus. Un « Hutuland » se constitue ainsi près du lac Kivu, dirigé par d'anciens responsables du génocide.

Les missions humanitaires dépêchées par l'ONU viennent en aide à ces populations exilées, qui comptent peut-être un million de Hutus. Nombre d'entre eux sont pris en otage par les milices et les Forces armées rwandaises, qui dirigent ces camps d'une main de fer. L'aide internationale est en partie détournée pour financer les armes des anciens génocidaires. Les camps de réfugiés servent ainsi de bases hutues pour semer la terreur parmi les Tutsis de la région, aussi bien au Zaïre qu'au Burundi ou dans l'Ouest du Rwanda. En 1996, les milices et les FAR se préparent même à reconquérir Kigali.

Pour couper court à ces menaces, le Rwanda et l'Ouganda encouragent les populations locales à résister dès le mois de novembre 1996. Les rebelles tutsis au Zaïre remportent plusieurs victoires décisives, si bien qu'ils s'enhardissent à démanteler les camps de réfugiés du Nord-Kivu. Les Tutsis se livrent à de nombreuses exactions sur les Hutus, et le pillage permet au FPR de renflouer ses caisses pour la reconstruction du Rwanda. La première guerre du Congo se termine en mai 1997, mais la région reste très instable depuis.

LA JUSTICE PAR LES PAIRS

Un crime de masse d'une telle envergure appelle des juridictions exceptionnelles. Le 8 novembre 1994, un Tribunal pénal international pour le Rwanda (TPIR) est établi à Arusha, en Tanzanie, afin de juger les principaux responsables du génocide. Le Conseil de sécurité de l'ONU y prononce une cinquantaine de condamnations, aussi bien parmi les politiciens que les militaires, les prêtres ou encore les responsables de presse. Parmi ceux-ci, une dizaine ont été condamnés à perpétuité, les autres peines allant de 6 à 45 ans de prison.

Le génocide étant considéré comme un crime universel, il peut donc être jugé dans tous les pays. Des procès de génocidaires ont ainsi lieu en Belgique, au Canada et en France, pour autant qu'ils n'ont pas été sollicités par le TPIR. Les génocidaires sont donc chassés partout dans le monde.

Le Rwanda reconstruit également ses propres structures judiciaires nationales afin de juger lui-même un certain nombre d'accusés. Le travail est colossal, d'autant plus que 90 % des magistrats et des avocats sont soit morts, soit en fuite. Ces tribunaux rétablis, ils acquièrent une respectabilité internationale suite à leur impartialité. Si bien que la plupart des nations étrangères préfèrent extrader les génocidaires réfugiés sur leurs territoires, afin qu'ils soient jugés dans leur propre pays.

Enfin, les juridictions les plus originales sont certainement les *gacaca*, des tribunaux locaux pour des jugements de proximité. Des milliers de *gacaca* apparaissent un peu partout au Rwanda, dans toutes les communautés. Les meurtriers hutus y sont jugés par leurs propres voisins. La plupart des condamnations sont des peines alternatives à l'emprisonnement, compensations, indemnités ou travaux d'intérêt général, afin de ne pas paralyser le pays par une densité carcérale excessive. Malgré cela, avec plus de 120 000 prisonniers à la veille de l'an 2000, le Rwanda détient le record mondial de la population carcérale la plus nombreuse.

LE DIFFICILE DEVOIR DE MÉMOIRE

En juillet 1994, le gouvernement postgénocide lance un programme de reconstruction du Rwanda. Les mots d'ordre sont la réconciliation nationale, la justice et la démocratie. Mais la tâche est rude, dans un pays où les victimes doivent à nouveau vivre en compagnie de leurs tortionnaires. Sans compter que les exilés hutus ont emporté avec eux tout le matériel nécessaire au bon fonctionnement du système public. Plusieurs mesures importantes sont toutefois prises afin d'éviter qu'un tel événement se produise à nouveau, telle que la suppression de la mention des ethnies sur les cartes d'identité, ou l'interdiction de toute référence à celles-ci dans la sphère publique.

Les autorités rwandaises entretiennent un important devoir de mémoire, notamment pour faire face aux négationnistes qui, très vite, démentent l'existence d'un génocide. Dès 1995, le 7 avril devient un jour férié dédié à la commémoration du début des massacres de Tutsis et un deuil national est également décrété. Depuis, chaque année, les commémorations se prolongent durant une semaine, ponctuée de discours officiels, de processions, d'émissions de télévision et de célébrations locales riches en émotions. Certaines villes et plusieurs communautés développent également leurs propres célébrations. À Butare, les commémorations ont lieu le 19 avril, date où les massacres ont commencé dans la ville.

En outre, des centaines de mémoriaux sont dressés à travers le pays. L'un d'entre eux commémore les 65 000 Tutsis qui se sont dressés contre les milices dans les massifs montagneux de la préfecture de Kibuye (à l'Ouest du Rwanda). Dans l'église de Ntarama, au Sud de Kigali, les ossements des victimes sont exposés en amoncelle-ments, et portent encore la trace de la violence des coups endurés. À Murambi, où des dizaines de milliers de Tutsis ont été massacrés dans une école technique, des centaines de corps figés à la chaux sont aujourd'hui exposés.

Photo prise dans le mémorial de Karongi-Kibuye.

En 2004, un musée mémorial est inauguré à Gisozi, une colline de Kigali. Il permet de commémorer les dix ans du drame, en établis-sant des liens avec les génocides juif et arménien. Point important, le musée insiste sur l'importance de ne pas stigmatiser toute l'ethnie hutue, en consacrant notamment une salle à ceux qui ont risqué leur vie pour sauver des Tutsis.

Le Rwanda n'oublie pas non plus l'abandon de la communauté internationale dans le génocide. L'ONU porte sa part de responsabilité dans ce drame : les analyses du Conseil de sécurité ont sous-estimé la gravité de la situation, malgré les multiples signaux d'alarme. Le Gouvernement belge est quant à lui responsable d'avoir retiré la totalité de son contingent de la MINUAR au moment le plus crucial, ce qui a complètement sabordé la mission des Nations unies. Pourtant, Boutros Boutros-Ghali (né en 1922), le secrétaire général de l'ONU, affirme par la suite que 400 paras-commandos auraient suffi à empêcher le génocide. Enfin, le Rwanda n'oublie pas non plus le rôle ambigu joué par le Gouvernement français durant l'opération « Turquoise ». Dans un discours de 2007, Paul Kagame n'hésite d'ailleurs pas à qualifier la France de complice de génocide.

Après plus de 20 ans, malgré la politique de réconciliation voulue par les autorités, les conséquences du génocide sont encore palpables. Les survivants n'ont pas oublié les massacres, les blessures physiques et morales, ainsi que la perte de leurs proches. Sans compter que les tensions entre Hutus et Tutsis dans les pays voisins, toujours très vives, rappellent les difficultés de cette cohabitation interethnique.

EN RÉSUMÉ

1931	L'administration rend obligatoire la mention de l'ethnie sur les cartes d'identité
1957	Publication du *Manifeste de Bahutu*
1959-1961	La révolution sociale appelée par le *Manifeste* tourne en guerre civile
1er juill. 1962	L'indépendance du Rwanda est proclamée. Le Hutu Grégoire Kayibanda devient président
Déc. 1963	Des réfugiés tutsis tentent de rentrer au Rwanda. La répression est sévère
Fév. 1973	Les Hutus perpètrent de nouveaux massacres de Tutsis
Juill. 1973	Juvénal Habyarimana prend le pouvoir
1987-1988	Création du Front patriotique rwandais
1er oct. 1990	L'Armée patriotique rwandaise envahit le Nord du Rwanda
1993	Accords d'Arusha
6 avr. 1994	Juvénal Habyarimana est assassiné. Début du génocide
1994	Les extrémistes hutus prennent le pouvoir et mettent en place l'éradication de l'ethnie tutsie
17 juill. 1994	Fin du génocide

- Royaume puissant d'Afrique centrale durant plusieurs siècles, le Rwanda ne connaît au départ aucune tension entre les Hutus et Tutsis, les deux ethnies principales du pays. Mais tout cela change avec l'arrivée des Européens, qui classent les populations du pays par « races ». Colonisé par les Allemands à la fin du XIX siècle, le pays est ensuite placé sous tutelle belge après la Première Guerre mondiale.

- Les Tutsis sont largement avantagés par les autorités coloniales. Considérés comme plus aptes à diriger, ils sont favorisés dans les écoles et l'administration publique. Devant cette injustice, on voit apparaître chez les Hutus un certain esprit revanchard et leurs premières revendications sociales.

- De 1959 à 1961, les Tutsis subissent de nombreuses persécutions.
- En 1962, le Rwanda devient indépendant et les Hutus prennent le pouvoir. Les massacres de Tutsis se poursuivent, en 1963, puis en 1973, entraînant un exil de la population dans les pays voisins. Les exilés s'organisent en un mouvement politique et militaire, le Front patriotique rwandais, qui a pour objectif de reprendre le contrôle du pays.
- Les tensions se muent en guerre civile au début des années quatre-vingt-dix. Le 6 avril 1994, l'assassinat du président hutu Habyarimana déclenche le génocide. Les Casques bleus de l'ONU sont présents sur place, mais se retirent du pays après l'assassinat de dix paras-commandos belges. Le pays passe alors aux mains d'un gouvernement génocidaire.
- Longuement planifiées par des extrémistes hutus, les persécutions sont minutieuses et ne laissent aucune chance aux victimes. L'armée, la gendarmerie, les milices et même les civils pourchassent les Tutsis du pays. Les cibles sont rassemblées dans des lieux publics avant d'être massacrées par dizaines de milliers. Chaque voisin hutu devient un danger potentiel pour les Tutsis, même s'ils ont longtemps vécu en harmonie.
- Le FPR parvient à reprendre le pays en trois mois, le Gouvernement rwandais s'intéressant plus au génocide qu'à l'avancée de l'armée tutsie. C'est ainsi qu'il met fin aux massacres dans toutes les régions qu'il contrôle.
- Le bilan du génocide est extrêmement lourd : plus de 800 000 victimes sont à déplorer, autant parmi les Tutsis que les Hutus modérés. Les trois quarts de la population tutsie ont été éliminés.
- Depuis plus de 20 ans, le Rwanda s'applique à se reconstruire. Hutus génocidaires et Tutsis victimes s'efforcent de cohabiter à nouveau pacifiquement. De multiples mémoriaux et cérémonies entretiennent la mémoire du génocide. Mais le Rwanda n'oublie pas l'abandon de la communauté internationale dans cet événement. Les capacités d'intervention de l'ONU, dans ce genre d'opération, sont d'ailleurs largement remises en cause depuis 1994.

POUR ALLER PLUS LOIN

SOURCES BIBLIOGRAPHIQUES

- Braeckman (Colette), *Rwanda : histoire d'un génocide*, Paris, Fayard, 1994.
- Chrétien (Jean-Pierre), Dumas (Hélène), Brana (Pierre) et Encel (Frédéric), « Rwanda 1994 : le génocide des Tutsi », in *L'Histoire*, n° 396, janvier 2014.
- de Vulpian (Laure), « Rwanda : l'attentat et le génocide », in *L'Histoire*, n° 375, mai 2012, p. 78-81.
- Dumas (Hélène), *Le génocide au village : le massacre des Tutsi au Rwanda*, Paris, Seuil, 2014.
- Lugan (Bernard), *Histoire du Rwanda. De la préhistoire à nos jours*, Paris, Bartillat, 1997.
- Melvern (Linda), *Complicités de génocide : comment le monde a trahi le Rwanda*, Paris, Karthala, 2010.
- Munyarugerero (François-Xavier), *Réseaux, pouvoirs, oppositions : la compétition politique au Rwanda*, Paris, L'Harmattan, 2003.
- Rizibiza (Abdul Joshua), *Rwanda, l'histoire secrète*, Paris, Panama, 2005.
- Rurangwa (Révérien) et Adrian (Luc), *Génocidé*, Paris, Presses de la Renaissance, 2006.
- Twagilimana (Aimable), *Historical Dictionary of Rwanda*, Lanham, Scrarecrow Press, 2007.
- Willame (Jean-Claude), *Les Belges au Rwanda. Le parcours de la honte*, Bruxelles, GRIP-Complexe, 1997.

SOURCES COMPLÉMENTAIRES

- Kᴀʏɪᴛᴇsɪ (Berthe), *Demain ma vie : enfants chefs de famille dans le Rwanda d'après*, Paris, L. Teper, 2009.
- Kɪᴍᴏɴʏᴏ (Jean-Paul), *Rwanda, un génocide populaire*, Paris, Karthala, 2008.
- Lᴜɢᴀɴ (Bernard), *Cette Afrique qui était allemande*, Paris, Picollec, 1990.
- Pʀᴜɴɪᴇʀ (Gérard), *Rwanda : le génocide*, Paris, Dagarno, 1998.
- Vɪɴᴄᴇʟᴇᴛ (Christophe), *La mort des dix casques bleus belges à Kigali*, Paris, L'Harmattan, 2004.
- Wɪʟʟᴀᴍᴇ (Jean-Claude), *Aux sources de l'hécatombe rwandaise*, Bruxelles, Cedaf, 1995.

SOURCES ICONOGRAPHIQUES

- Photo d'une église dans laquelle 5 000 personnes ont été assassinées. La photo reproduite est réputée libre de droits.
- Photo prise dans le mémorial de Karongi-Kibuye. La photo reproduite est réputée libre de droits.

FILM ET DOCUMENTAIRES

- *Tuez-les tous ! Rwanda : histoire d'un génocide « sans importance »*, documentaire de Raphaël Glucksmann, de David Hazan et de Pierre Mezerette, France, 2004.
- *Kigali, des images contre un massacre*, documentaire de Jean-Christophe Klotz, France, 2006.
- *Mon voisin, mon tueur*, film d'Anne Aghion, France, États-Unis, 2011.
- *7 jours à Kigali*, documentaire de Mehdi Ba et de Jeremy Frey, France, 2014.

MUSÉE ET MÉMORIAUX

- Le musée-mémorial de Gisozi, à Kigali.
- Le mémorial de Nyamata, situé dans une église catholique (Rwanda).
- Le mémorial de Murambi, situé dans un complexe scolaire technique (Rwanda).
- Le mémorial de Ntarama, situé dans une église au sud de Kigali (Rwanda).
- Le mémorial de Bisesero, qui commémore les résistants de la préfecture de Kibuye (à l'Ouest du Rwanda).

50MINUTES

www.50minutes.com

Éditeur responsable : Lemaitre Publishing
Rue Lemaitre 6 | BE-5000 Namur
info@lemaitre-editions.com

ISBN ebook : 978-2-8062-6690-3
ISBN papier : 978-2-8062-6691-0
Dépôt légal : D/2015/12603/299
Photo de couverture : © MSGT Rose Reynolds.

Conception numérique : Primento,
le partenaire numérique des éditeurs